MOURIR PARTIR REVENIR
LE JEU DES HIRONDELLES

ZEINA ABIRACHED

C
am
bou
rakıs

BEYROUTH EST - 1984

7

SECTEUR 28 منطقة ٨٧
MAR MAROUN مار مارون

RUE 19 ١٩ شارع

شارع جرجي زيدان
RUE GERGI ZEIDAN

DANS LES QUARTIERS SITUÉS AUTOUR DE LA LIGNE DE DÉMARCATION,
DES MURS DE SACS DE SABLE AMPUTENT LES RUES.
DES CONTENEURS, PRIS SUR LES QUAIS DU PORT ABANDONNÉ, SONT DRESSÉS
AU MILIEU DES RUELLES, POUR PROTÉGER LES HABITANTS DES BALLES
DES FRANCS-TIREURS.
LES IMMEUBLES SE CALFEUTRENT DERRIÈRE DES MURS DE PARPAINGS
ET DES BARILS MÉTALLIQUES.
À L'INTÉRIEUR DES SECTEURS CLOISONNÉS, LA VIE S'ORGANISE EN FONCTION
DES CESSEZ-LE-FEU.

A.CHA

CE JOUR LÀ, MES PARENTS ÉTAIENT ALLÉS RENDRE VISITE À MA GRAND-MÈRE ANNIE.
DE VIOLENTS BOMBARDEMENTS LES AVAIENT EMPÊCHÉS DE RETOURNER À LA MAISON.

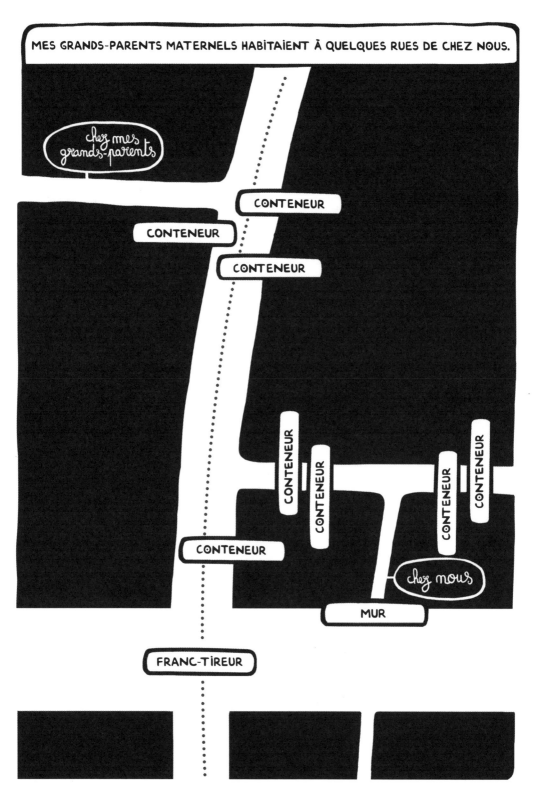

POUR ÉVITER LE FRANC-TIREUR, LES HABITANTS DU QUARTIER AVAIENT MIS AU POINT UN SYSTÈME DE CIRCULATION ENTRE LES IMMEUBLES.

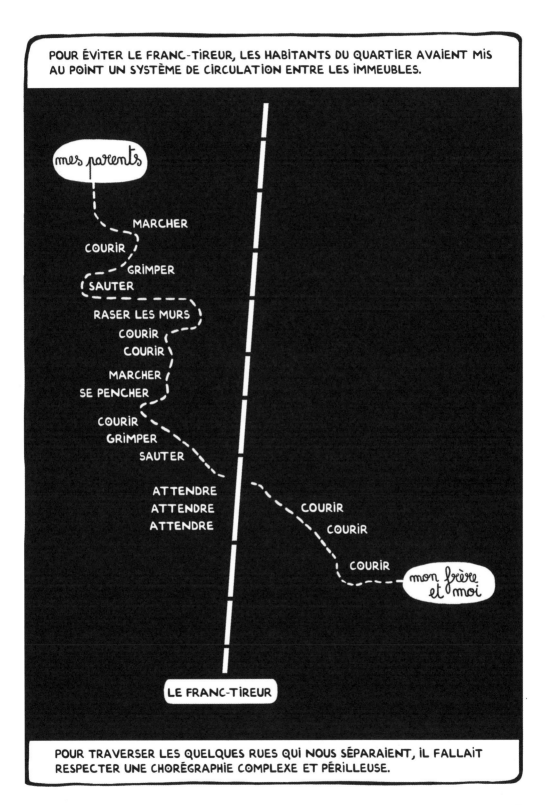

POUR TRAVERSER LES QUELQUES RUES QUI NOUS SÉPARAIENT, IL FALLAIT RESPECTER UNE CHORÉGRAPHIE COMPLEXE ET PÉRILLEUSE.

TU ME FERAS PENSER À DEMANDER À TON PÈRE D'EN ACHETER UN AUTRE

TSSSSSK...

CELUI-LÀ NE VAUT PLUS RIEN!

QUAND JE PENSE QU'ON S'EN SERVAIT QUAND ON ALLAIT CAMPER TON PÈRE ET MOI...

ON A SILLONNÉ LE PAYS... DU NORD AU SUD!

HASROUN, LES CÈDRES, LAKLOUK, BOLOGNA, ALEY, SOUK-EL-GHARB, NABH-EL-SAFA, KFARNIS, LA BÊKAA, JEZZINE, BKESSINE...ET J'EN PASSE!

soupir

IL N'Y A PAS UNE RÉGION OÙ ON NE SOIT PAS ALLÉS ...AVEC CE CAMPING-GAZ!

À CETTE ÉPOQUE, C'ÉTAIT TRÈS DIFFICILE DE JOINDRE QUELQU'UN PAR TÉLÉPHONE.

ON POUVAIT ATTENDRE DES HEURES ENTIÈRES, RIEN QUE POUR OBTENIR LA TONALITÉ.

QUAND ELLE AVAIT UN COUP DE FIL IMPORTANT À PASSER, MA MÈRE NOUS DEMANDAIT PARFOIS, À MON FRÈRE ET MOI, D'ATTENDRE LE "KHATT" (LA TONALITÉ) À SA PLACE, CE QUI LUI PERMETTAIT DE FAIRE AUTRE CHOSE ENTRE TEMPS.

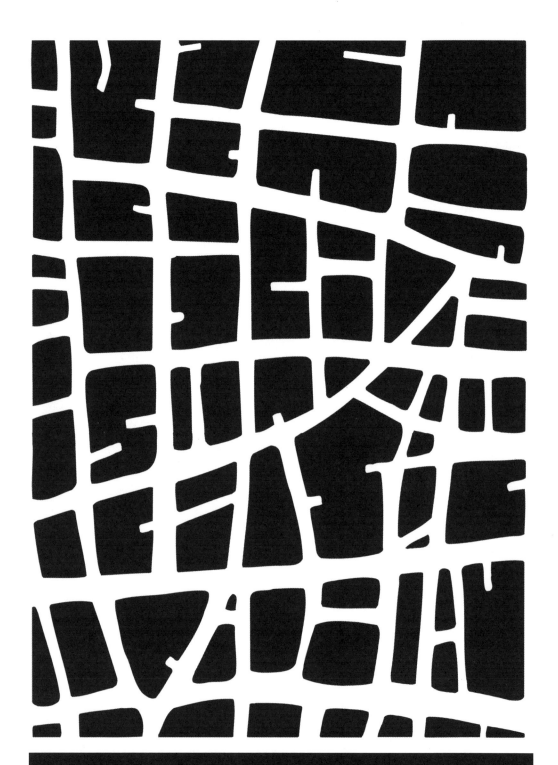

ICI, C'EST L'ESPACE QUI NOUS RESTE

23

DANS CETTE ÉTRANGE MOITIÉ DE VILLE.

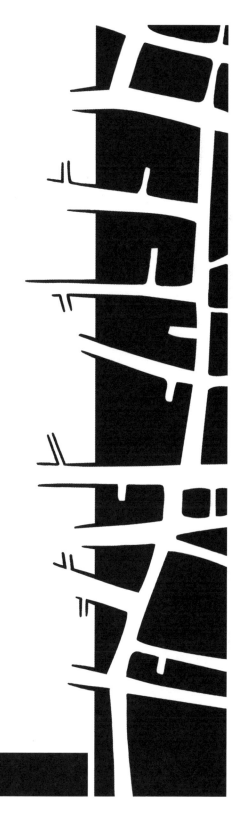

FRANCS-TIREURS,

BARILS MÉTALLIQUES,

CONTENEURS,

FILS BARBELÉS,

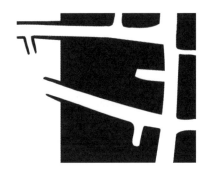

SACS DE SABLE,

DÉCOUPENT UNE NOUVELLE GÉOGRAPHIE.

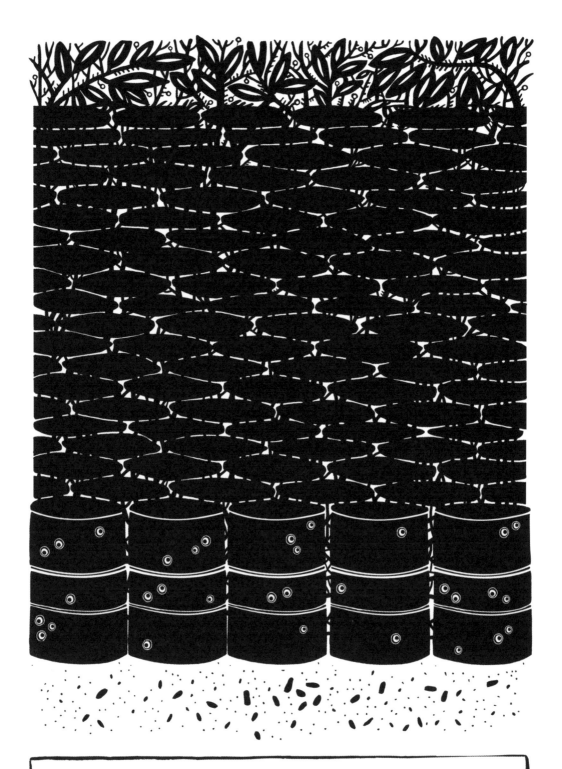

L'IMMEUBLE OÙ NOUS HABITIONS DONNAIT SUR LA LIGNE DE DÉMARCATION.

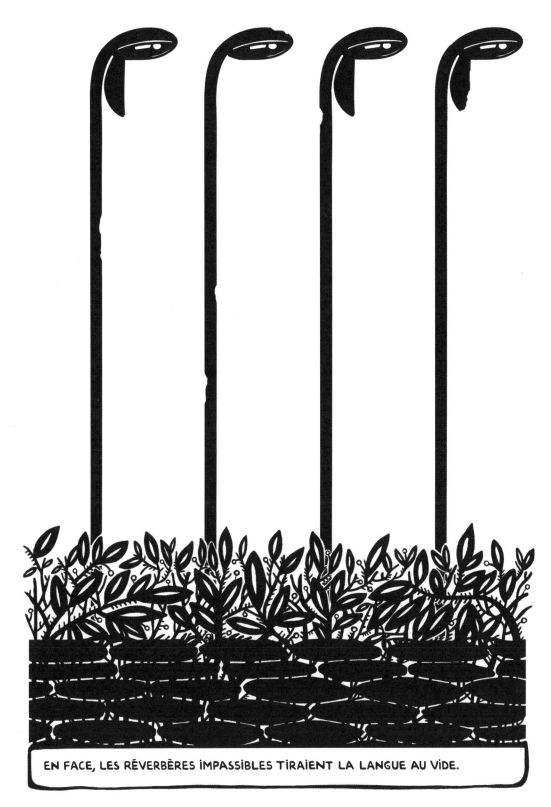

EN FACE, LES RÉVERBÈRES IMPASSIBLES TIRAIENT LA LANGUE AU VIDE.

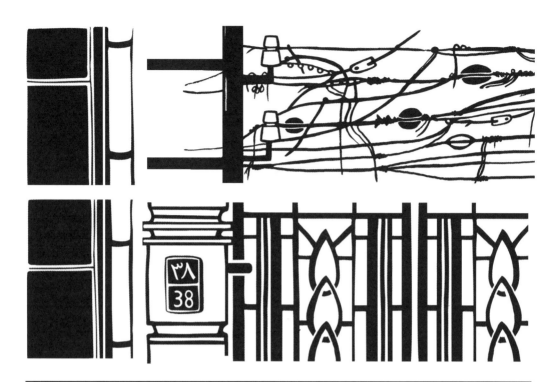

C'EST UN IMMEUBLE DES ANNÉES QUARANTE, MES GRANDS-PARENTS PATERNELS Y ONT HABITÉ TOUTE LEUR VIE.

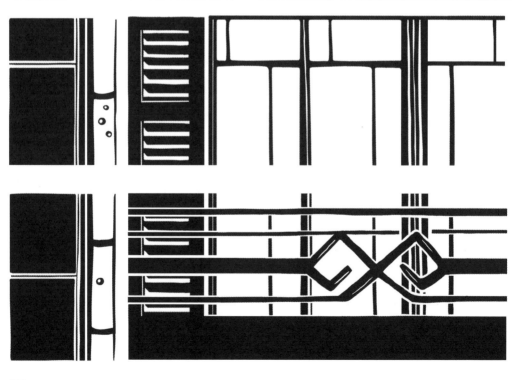

J'AI GRANDI DANS L'APPARTEMENT DU PREMIER ÉTAGE, OÙ MON PÈRE EST NÉ.

CONÇU SELON LES NORMES DE L'ÉPOQUE, L'APPARTEMENT EST ORGANISÉ AUTOUR DU SALON, UN GRAND RECTANGLE QUI RELIE LES DEUX PARTIES PRINCIPALES DE LA MAISON.

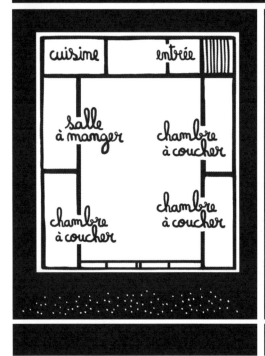

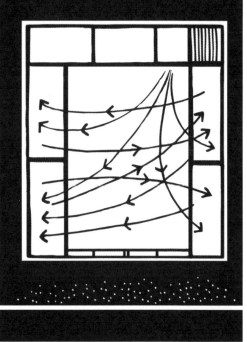

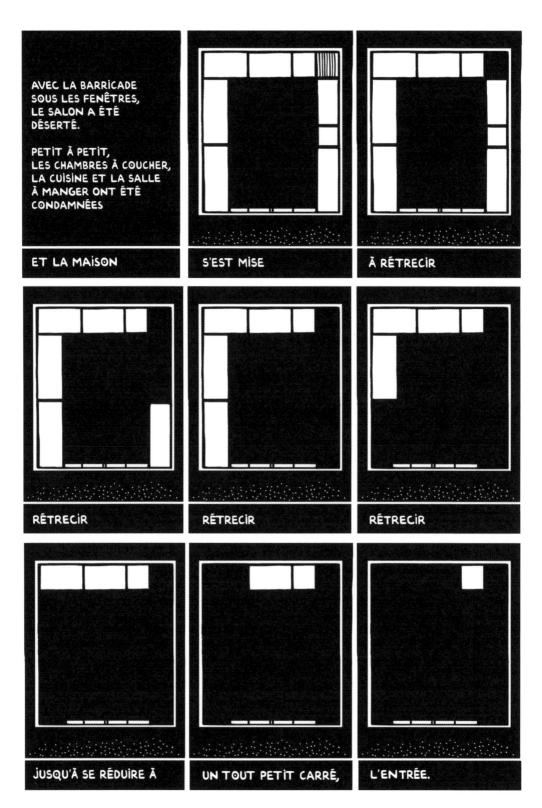

AVEC LA BARRICADE
SOUS LES FENÊTRES,
LE SALON A ÉTÉ
DÉSERTÉ.

PETIT À PETIT,
LES CHAMBRES À COUCHER,
LA CUISINE ET LA SALLE
À MANGER ONT ÉTÉ
CONDAMNÉES

ET LA MAISON

S'EST MISE

À RÉTRECIR

RÉTRECIR

RÉTRECIR

RÉTRECIR

JUSQU'À SE RÉDUIRE À

UN TOUT PETIT CARRÉ,

L'ENTRÉE.

la couverture
de notre chambre

les chaises
de la cuisine

les coussins
du salon

les tables
du salon

le matelas
de la chambre
de mes parents

LA SEULE CHOSE QUI ÉTAIT DÉJÀ LÀ AVANT, C'ÉTAIT LA TENTURE.
ELLE REPRÉSENTAIT LA FUITE D'ÉGYPTE DE MOÏSE ET DES HÉBREUX.

CETTE TENTURE ÉTAIT LA SEULE CHOSE QUI NOUS RESTAIT DE MON GRAND-PÈRE PATERNEL.

APRÈS LE DÉCÈS DE SES PARENTS, MON PÈRE L'A TROUVÉE PLIÉE EN QUATRE, DANS UN CARTON AU GRENIER.

QUAND JE SUIS NÉE, LA TENTURE ÉTAIT DÉJÀ ACCROCHÉE DANS L'ENTRÉE.

JE N'AI PAS CONNU MES GRANDS-PARENTS PATERNELS, ET JE LES AI TOUJOURS ASSOCIÉS À CETTE TENTURE.
RÉUNIS AINSI DANS L'ENTRÉE, RIEN NE POUVAIT NOUS ARRIVER.

- ALLO ?
- ...
- MAAAAM !
- ...
- OUI, TOUT VA BIEN, ON EST ENSEMBLE
  ET ANHALA EST AVEC NOUS
- ...
- NON, NON, JE N'AI PAS PEUR
- ...
- ...BIEN SÛR, JE FAIS ATTENTION À LUI.
- ...
- TU VEUX PARLER À ANHALA?
- ...
- MAM?
- ...
- VOUS REVENEZ QUAND, PAP ET TOI ?

COMME NOUS HABITIONS AU PREMIER, L'ÉTAGE LE MOINS EXPOSÉ AUX OBUS, L'ENTRÉE DE NOTRE APPARTEMENT ÉTAIT LA PIÈCE LA PLUS SÛRE DE TOUT L'IMMEUBLE... ET LES VOISINS AVAIENT PRIS L'HABITUDE DE S'Y RETROUVER LES SOIRS DE BOMBARDEMENT.

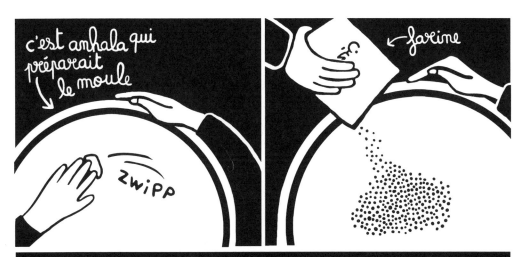

LE SFOUF, C'ÉTAIT LE GÂTEAU FÉTICHE D'ANHALA. À CETTE ÉPOQUE, C'ÉTAIT SURTOUT LE GÂTEAU LE PLUS SIMPLE À PRÉPARER : IL NE NÉCESSITAIT NI OEUFS, NI CHOCOLAT. IL FALLAIT SEULEMENT AVOIR DE LA FARINE, DE L'HUILE VÉGÉTALE, DU SUCRE ET DU CURCUMA QUI LUI DONNAIT SON GOÛT PARTICULIER ET SA JOLIE COULEUR JAUNE.

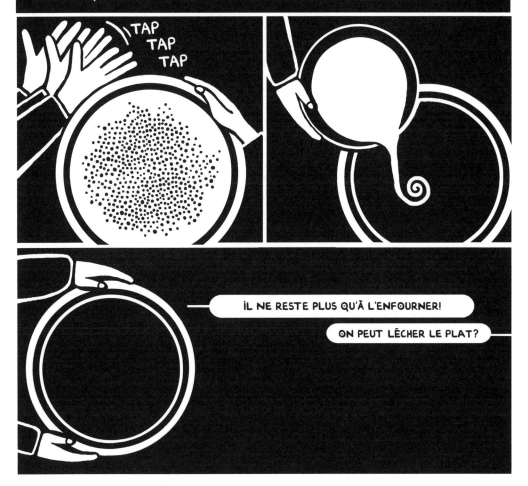

ET ELLE EST ALLÉE ENFOURNER
LE SFOUF DANS LA CUISINE...

44

TOC
TOC
TOC ↗

BONSOIR ANHALA !
TU ES DÉJÀ LÃ ?

OUI, LES ENFANTS
ÉTAIENT SEULS QUAND
ÇA A COMMENCÉ.

J'AI APPORTÉ DES COUVERTURES,
LA NUIT RISQUE D'ÊTRE LONGUE...
ET UNE LAITUE, JE VIENS DE
LA LAVER !

UNE LAITUE LAVÉE ?
CHUCRI ! MERCI !
POSE TOUT ÇA LÃ
ET ENTRE !

ROAAAR !

CHUCRI ÉTAIT LE FILS DE SALMA, LA GARDIENNE.

QUAND LA GUERRE A ÉCLATÉ EN 1975 CHUCRI AVAIT 16 ANS.

UN AN PLUS TARD, SAÏD, SON PÈRE, QUI ÉTAIT CHAUFFEUR DE TAXI, AVAIT DISPARU.

IL VENAIT DE DÉPOSER UN CLIENT À LA BANQUE CENTRALE, À L'OUEST DE LA VILLE, ET RENTRAIT CHEZ LUI.
AVANT DE REPRENDRE LA ROUTE, IL AVAIT TÉLÉPHONÉ À SA FEMME POUR LA TRANQUILLISER. "DIS À TA MÈRE QUE J'ARRIVE" AVAIT-T-IL DIT À CHUCRI QUI AVAIT DÉCROCHÉ.

LE LENDEMAIN ON A RETROUVÉ LA VOITURE DE SAÏD, ABANDONNÉE, SANS PNEUS NI SIÈGES, AU BORD DE LA ROUTE, DEVANT UNE DES VOIES DE PASSAGE ENTRE L'EST ET L'OUEST DE LA VILLE.
PERSONNE N'A JAMAIS SU CE QUE SAÏD ÉTAIT DEVENU.

TRÈS VITE, CHUCRI A DÛ SE DÉMENER POUR SOUTENIR SA MÈRE ET SUBVENIR AUX BESOINS DE SES TROIS JEUNES SŒURS.

POUR L'AIDER, JEANETTE, LA CADETTE, QUI ÉTAIT TRÈS HABILE DE SES MAINS, FAISAIT DE PETITS TRAVAUX DE COUTURE POUR LES GENS DU QUARTIER.

CHUCRI A D'ABORD COMMENCÉ PAR RENDRE DE PETITS SERVICES AUX HABITANTS DE L'IMMEUBLE : DÉBLAYER TOUS LES CARREAUX CASSÉS ET COLLER AUX FENÊTRES UN FILM DE PLASTIQUE TRANSPARENT, COLMATER LES TROUS FAITS DANS LES MURS PAR LES ÉCLATS D'OBUS...

PUIS, COMME LES PANNES DE COURANT DEVENAIENT DE PLUS EN PLUS FRÉQUENTES, IL S'EST MIS À FAIRE QUELQUES TRAVAUX D'ÉLECTRICITÉ.

ET ALORS... TOUT LE MONDE A EU LA MÊME IDÉE.

PFF

ET COMME LA GUERRE S'INSTALLAIT DE PLUS EN PLUS DANS NOTRE QUOTIDIEN, CHUCRI A INVESTI LE PEU D'ARGENT QU'IL AVAIT RÉUSSI À METTRE DE CÔTÉ, DANS CE QUI ALLAIT RYTHMER NOS JOURNÉES ET NOS NUITS PENDANT DES ANNÉES : UN GÉNÉRATEUR ÉLECTRIQUE.

hm

SHLLRRP

CHUCRI A ENSUITE PROPOSÉ UN SYSTÈME D'ABONNEMENT MENSUEL À TOUT L'IMMEUBLE ET TOUT LE MONDE A PU AINSI PROFITER DU "MOTEUR" QU'IL AVAIT INSTALLÉ SUR SON BALCON.

J'AI ATTENDU DANS LA VOITURE JUSQU'À 10 HEURES. HEUREUSEMENT, C'ÉTAIT ENCORE CALME CE MATIN.

LE "MOTEUR" PERMETTAIT, APRÈS UN SAVANT CALCUL DE TOUS LES AMPÈRES QUE CELA REPRÉSENTAIT, D'ÉCLAIRER UNE PARTIE DE LA MAISON, OU, D'ALLUMER LA TÉLÉVISION ET UNE PIÈCE, D'UTILISER L'ASPIRATEUR OU LE FER À REPASSER.

TU DEVRAIS TE MÉNAGER MON PETIT, TU SAIS, TOUTE CETTE HISTOIRE PEUT ENCORE DURER PLUSIEURS ANNÉES...

PLUSIEURS ANNÉES ?!?

SHLLRRP

MAIS NOOOON... VOYONS, ANHALA, DANS UN AN MAXIMUM, C'EST FINI, ON N'EN PARLE PLUS, ET ON RECOMMENCE À VIVRE COMME AVANT.

hm

JE NE DIS PAS QUE ÇA VA ÊTRE FACILE, HEIN. C'EST VRAI, IL FAUDRA QUELQUES ANNÉES POUR TOUT RECONSTRUIRE, POUR RELANCER L'ÉCONOMIE... ET OUBLIER.

L'ESSENTIEL, D'ICI LÀ, C'EST DE CONTINUER À VIVRE.

MAIS ÇA NE SERA PLUS LONG, C'EST SÛR !

SHLLRRP

SINON, TU CROIS QUE J'AURAIS FAIT TOUT ÇA?
MAIS PAS DU TOUT!
J'AURAIS QUITTÉ LE PAYS MOI AUSSI !

À PROPOS, OÙ EN SONT LES VISAS ?

RAMZI A ENVOYÉ LES FORMULAIRES
DE DEMANDE DE VISA À L'AMBASSADE
DU CANADA À CHYPRE

C'EST MADAME LINDA QUI A DONNÉ
L'ENVELOPPE À ZIAD, UN AMBULANCIER
DE LA CROIX-ROUGE QU'ELLE CONNAÎT.
C'EST LE FILS DE MADAME HYAM,
TU SAIS LA DAME QUI TENAIT
LA PAPETERIE PRÈS DE L'UNIVERSITÉ
SAINT-JOSEPH.

SHLLRRP

ZIAD A CONFIÉ L'ENVELOPPE AU PILOTE D'UN AVION QUI TRANSPORTAIT UNE CARGAISON DE MÉDICAMENTS DESTINÉS À LA CROIX-ROUGE.

COMME L'AVION FAISAIT ESCALE À CHYPRE AU RETOUR, IL A DEMANDÉ AU PILOTE DE POSTER L'ENVELOPPE À L'AÉROPORT DE LARNACA.

C'ÉTAIT LE MEILLEUR MOYEN POUR QUE LES FORMULAIRES ARRIVENT À BON PORT!

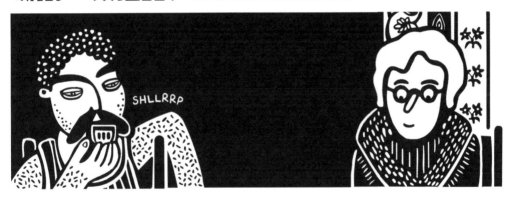

ANHALA ÉTAIT DANS LA FAMILLE DE FARAH DEPUIS SOIXANTE-CINQ ANS.

ELLE EST ARRIVÉE CHEZ LES ARRIÈRE GRANDS-PARENTS DE FARAH À L'ÂGE DE DIX ANS.

ELLE ÉTAIT LÀ QUAND SONIA, LA GRAND-MÈRE DE FARAH, EST NÉE

ANHALA!
prépare trois cafés
s'il-te-plaît !

et
tu n'oublies pas
de repasser
le pantalon
de monsieur
ensuite
...

ANHALA!
quand tu auras
fini d'astiquer
l'argenterie, va
acheter les oignons
et le persil et
fais le taboulé
pour ce soir !
(tu as rangé la
chambre de sonia?)

ELLE ÉTAIT LÀ QUAND LÉNA, LA MÈRE DE FARAH, EST NÉE

ET QUAND FARAH EST NÉE.

AVEC SONIA, LÊNA ET FARAH, ELLE A ÉLEVÉ TROIS GÉNÉRATIONS DE FEMMES.
QUAND FARAH EST TOMBÉE ENCEINTE, ANHALA NE L'A PLUS QUITTÉE.

ELLE EST ARRIVÉE
UN JOUR DANS
NOTRE IMMEUBLE
AVEC FARAH ET SON
MARI, RAMZI.

62

APRÈS LEUR MARIAGE, FARAH ET RAMZI ONT HABITÉ QUELQUE TEMPS
CHEZ LES PARENTS DE FARAH, QUI VIVAIENT DANS UN GRAND APPARTEMENT.

UNE NUIT OÙ ILS S'ÉTAIENT TOUS RÉFUGIÉS DANS L'ABRI DE LEUR IMMEUBLE,
UN OBUS EST TOMBÉ DANS LEUR SALON, ET TOUTE LA MAISON A BRÛLÉ.

LE LENDEMAIN, LES PARENTS DE FARAH ONT QUITTÉ LE PAYS.
EN ATTENDANT QUE LA SITUATION SE CALME AU LIBAN, ILS SE SONT
INSTALLÉS À PARIS, DANS UN PETIT STUDIO DU SEIZIÈME ARRONDISSEMENT.

ILS SONT PARTIS SANS ANHALA.

FARAH ET RAMZI, QUI COMPTAIENT ÉMIGRER AU CANADA AU PLUS VITE,
ONT DÉCIDÉ D'HABITER PROVISOIREMENT AU DEUXIÈME ÉTAGE DE NOTRE
IMMEUBLE, DANS CE QUI AVAIT ÉTÉ LE CABINET D'ARCHITECTE DU PÈRE
DE RAMZI.
ILS AVAIENT EMMENÉ DANS LEURS VALISES LES QUELQUES VÊTEMENTS
QUI LEUR RESTAIENT ET UNE VIEILLE BOÎTE À CHAUSSURES QUI CONTENAIT
LES PHOTOS DE LEUR MARIAGE.

ILS AVAIENT RÉUSSI À SAUVER DES FLAMMES CE QUE FARAH AVAIT DÉSORMAIS
DE PLUS CHER.

كادي دو باري

T.38   NERO

ET PUIS...

QUI SAIT, SI J'AVAIS UN ENFANT, PEUT-ÊTRE QUE J'AURAIS TOUT FAIT POUR PARTIR MOI AUSSI.

APRÈS TOUT, CETTE GUERRE QUI A PRIS PAPA, ELLE NE ME CONCERNE PAS.

MON PETIT

MON PETIT ÇA VA ALLER...

RZZZZ

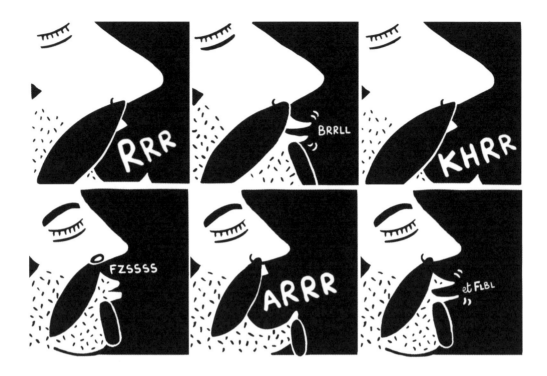

QUAND SA MÈRE A DÉCIDÉ DE QUITTER BEYROUTH POUR RETOURNER VIVRE AVEC SES FILLES DANS SON VILLAGE SUR LA CÔTE NORD DU LIBAN, OÙ LA SITUATION ÉTAIT PLUS CALME, CHUCRI A SORTI LA VOITURE DE SON PÈRE DU GARAGE DE L'IMMEUBLE. IL L'A RAFISTOLÉE, L'A NETTOYÉE ET A REMPLACÉ LE SIÈGE DU CONDUCTEUR.

LA PETITE LOGE DU REZ-DE-CHAUSSÉE ÉTAIT DEVENUE CONFORTABLE DEPUIS QU'ELLE N'ABRITAIT QU'UNE SEULE PERSONNE, MAIS CHUCRI PASSAIT PLUS DE TEMPS DANS LA VOITURE QUE CHEZ LUI.

RRRR

PENDANT LES CESSEZ-LE-FEU, IL SILLONNAÏT LA VILLE DÉSERTE

OU FAISAIT LA QUEUE DEVANT LES MAGASINS POUR TROUVER DU PAIN, DU RIZ, DU SUCRE, DES CONSERVES, DES CIGARETTES, DU CAFÉ, DES ALLUMETTES, DES BOUGIES, DES BONBONNES DE GAZ POUR LES CAMPING-GAZ, DES PILES POUR LES LAMPES DE POCHE ET LES RADIOS

ET DE L'ESSENCE POUR LE GÉNÉRATEUR.

ET VOILÂÂÂÂÂ !

AAAH!

ARRR

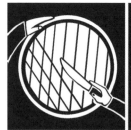

clac

APRÈS L'AVOIR SORTI DU FOUR, ANHALA COUPAIT LE SFOUF EN PETITS LOSANGES ET ÇA SENTAIT LE CURCUMA DANS TOUTE L'ENTRÉE.

ATTENDEZ QUE ÇA REFROIDISSE UN PEU VOYONS ! VOUS ALLEZ AVOIR MAL AU VENTRE !

BRRLL?

JE VAIS METTRE LE MOTEUR EN MARCHE

mmm

BON !

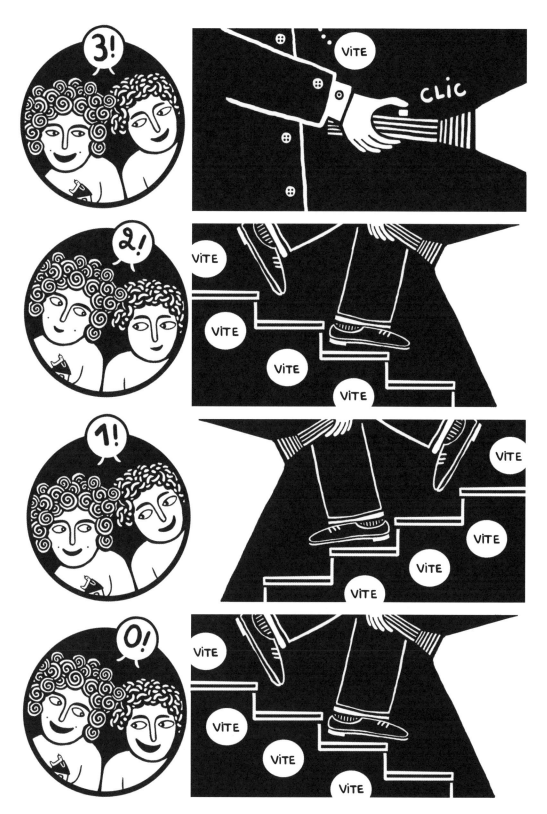

VITE

TIC TIC TIC

TOUS LES SOIRS, 10 SECONDES EXACTEMENT APRÈS LE VROOOAAAAM DE DÉMARRAGE DU MOTEUR, ERNEST CHALLITA TAPAIT AVEC SA CLÉ SUR LA VITRE DE NOTRE PORTE.

VITE VITE VITE VITE VITE VITE VITE VITE VITE VITE VITE

LE VOILÀ!

BONSOIR LES ENFANTS

BONSOIR ANHALA

ERNEST CHALLITA ÉTAIT NOTRE VOISIN DU TROISIÈME.
AVANT LA GUERRE, IL ENSEIGNAIT LE FRANÇAIS AU LYCÉE DE LA RUE BAYDOUN.

"APPROCHEZ-VOUS, JEUNES HÉROS!

ERNEST CONNAISSAIT PAR CŒUR DES PASSAGES ENTIERS DE CYRANO DE BERGERAC.

CHAQUE SOIR, DANS L'ENTRÉE, IL NOUS RACONTAIT UNE SCÈNE.
(IL APPORTAIT TOUJOURS SON LIVRE PARCE QU'IL AVAIT PEUR DES TROUS DE MÉMOIRE, MAIS EN FAIT IL N'EN AVAIT PAS BESOIN).

CHACUN SON TOUR, JE VAIS PRENDRE DES NUMÉROS

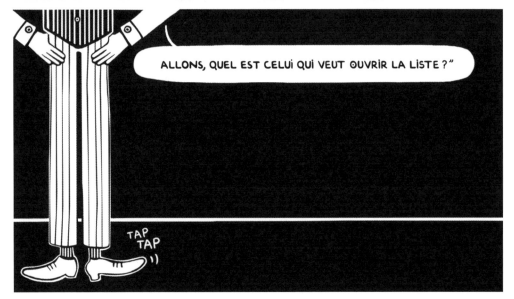

ALLONS, QUEL EST CELUI QUI VEUT OUVRIR LA LISTE ?"

TAP TAP

DEPUIS LA MORT DE VICTOR, SON FRÈRE JUMEAU, ERNEST NE SORTAIT PLUS DE CHEZ LUI QUE POUR DESCENDRE DANS L'ENTRÉE.

ERNEST ET VICTOR
ÉTAIENT LES COQUELUCHES
DU QUARTIER.

AVANT LA GUERRE,
ILS DISPUTAIENT, TOUS
LES SAMEDIS MATINS,
UNE PARTIE DE TRIC-TRAC
SUR LE TROTTOIR
AU BAS DE L'IMMEUBLE.

JOHAR WA SÉ

CHÉCH BÉCH

chiffres
et formules
hérités du turc
(du temps
de l'empire
ottoman)

DOU CHACH

et rac!

TU VAS VOIR CE
QUE TU VAS VOIR !

et tac!

badauds

badauds

78

ERNEST ET VICTOR ÉTAIENT TRÈS COQUETS.

LA SEULE MANIÈRE DE LES DIFFÉRENCIER (HORMIS LE FAIT QUE VICTOR ÉTAIT UN TOUT PETIT PEU PLUS PETIT QU'ERNEST) ÉTAIT DE DÉCHIFFRER LEURS INITIALES BRODÉES À LA MAIN SUR LEURS CHEMISES TAILLÉES SUR MESURE PAR ALBERT, LE TAILLEUR DE LA RUE ABD-EL-WAHAB EL INGLIZI.

ERNEST AVAIT UNE COLLECTION IMPRESSIONNANTE DE CRAVATES.
ET MÊME EN PLEINE NUIT, POUR DESCENDRE DANS L'ENTRÉE, OÙ TOUT LE MONDE ÉTAIT GÉNÉRALEMENT EN PYJAMA OU EN ROBE DE CHAMBRE, IL CONTINUAIT À S'HABILLER AVEC BEAUCOUP D'ÉLÉGANCE.

"QUE TOUS CEUX QUI VEULENT MOURIR LÈVENT LE DOIGT !

UN APRÈS-MIDI, VICTOR A ÉTÉ TUÉ PAR UN FRANC-TIREUR.

TOUTE LA NUIT, IL EST RESTÉ ÉTENDU AU MILIEU DE LA RUE.

LE LENDEMAIN, CHUCRI L'A RAMENÉ À ERNEST.

DEUX JOURS PLUS TARD, LES CONTENEURS ONT ÉTÉ INSTALLÉS DANS LA RUE POUR PROTÉGER LES PASSANTS.

PAS UN NOM ?

PAS UN DOIGT ?"

LES PERSONNES CONTRÔLÉES POUVAIENT SE FAIRE ARRÊTER, ENLEVER OU ASSASSINER SUR LA SIMPLE BASE DE LEUR RELIGION, INSCRITE ALORS SUR LA CARTE D'IDENTITÉ.

PENDANT LA GUERRE, OFFRIR DES FRUITS OU DES LÉGUMES À SON VOISIN ÉTAIT DÉJÀ
UN BEAU CADEAU. MAIS SI EN PLUS ON PRENAIT LA PEINE DE LES LAVER, CELA LEUR
DONNAIT UNE VALEUR INESTIMABLE !...
C'EST CHUCRI QUI S'OCCUPAIT DU RAVITAILLEMENT EN EAU.
IL REMPLISSAIT LE COFFRE DE SA VOITURE DE BIDONS VIDES ET ALLAIT, AVEC MON PÈRE
ET LES HOMMES DU QUARTIER, CHEZ VÉRA, LA SOEUR DE MADAME LINDA, LA VOISINE DU
QUATRIÈME ÉTAGE.
VÉRA HABITAIT UN IMMEUBLE QUI AVAIT UN PUITS ARTÉSIEN.

APRÈS AVOIR REMPLI LES BIDONS BLEUS (LES VERTS ÉTAIENT RÉSERVÉS À L'ESSENCE) ON
TRANSVASAIT L'EAU DANS DES BOUTEILLES EN PLASTIQUE ET DES BOUTEILLES EN VERRE
(QUI ÉTAIENT EN FAIT DES BOUTEILLES DE WHISKY QUE MA MÈRE AVAIT GARDÉES ET LAVÉES).

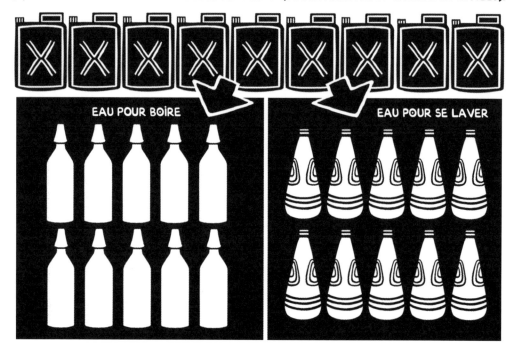

EAU POUR BOIRE

EAU POUR SE LAVER

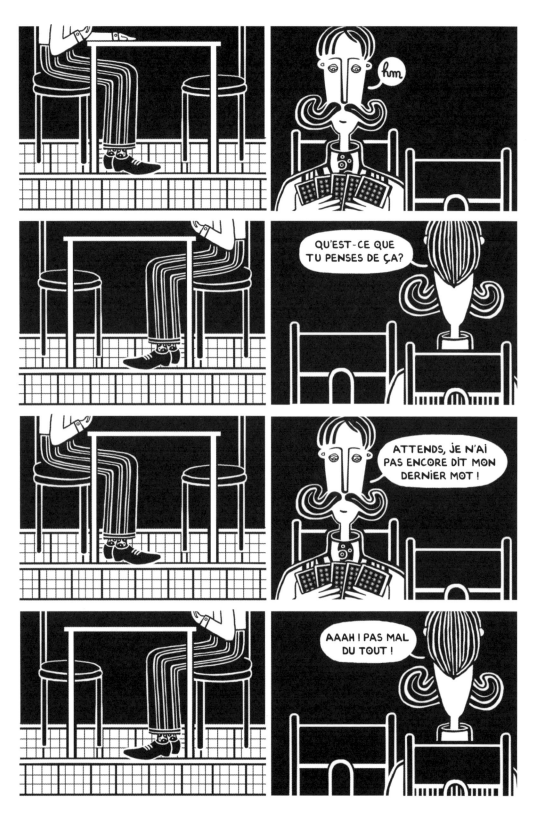

94

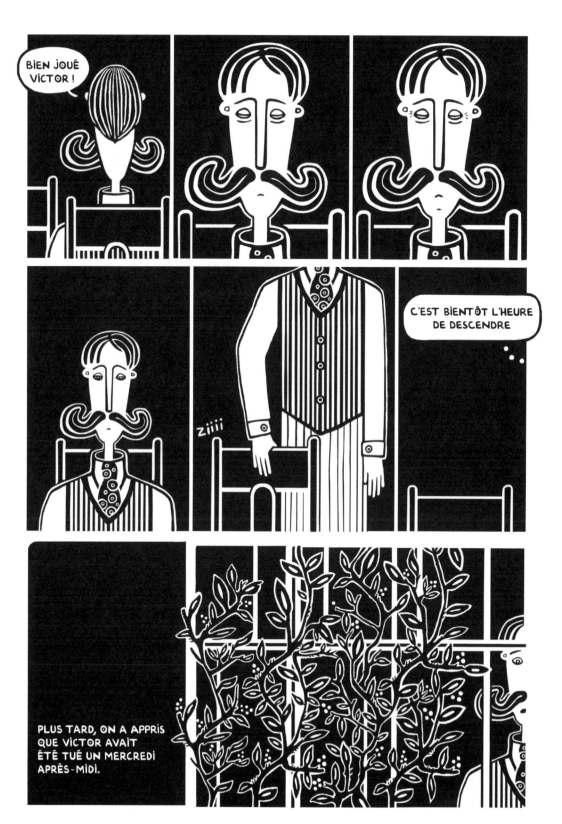

95

IL Y A UNE EXPRESSION AU LIBAN POUR DÉSIGNER UN ENDROIT TRÈS DÉSORDONNÉ. ON DIT QU'IL EST COMME "UNE SALLE DE BAIN DONT ON AURAIT COUPÉ L'EAU"!

MONSIEUR KHALED VIVAIT AU QUATRIÈME ÉTAGE AVEC SA FEMME, MADAME LINDA.

AVANT LA GUERRE, MONSIEUR KHALED AVAIT OUVERT LE "VENI VIDI VICI", UN RESTAURANT-BOÎTE DE NUIT QUI ÉTAIT TRÈS VITE DEVENU UN DES REPAIRES NOCTURNES DE LA JEUNESSE DORÉE BEYROUTHINE DES ANNÉES SOIXANTE.

AVANT LA GUERRE, MONSIEUR KHALED ET MADAME LINDA VIVAIENT AU DERNIER ÉTAGE D'UN IMMEUBLE COSSU DU QUARTIER DE MANARA, SITUÉ À L'OUEST DE LA VILLE.

DE LEUR TERRASSE, ILS AVAIENT VUE SUR LA MER.

DOMMAGE QU'ON NE PUISSE PAS FAIRE DE GLAÇONS, AVEC TOUTES CES PANNES DE COURANT...

QUAND LE "VENI VIDI VICI" A ÉTÉ DÉTRUIT PAR LES BOMBARDEMENTS, MONSIEUR KHALED A SAUVÉ LES MEILLEURES BOUTEILLES D'ALCOOL DE LA CAVE DU RESTAURANT.
DEPUIS, TOUS LES SOIRS, DANS L'ENTRÉE, IL EN FAISAIT PROFITER TOUS LES VOISINS.

QUOI ?! ?

HEUREUSEMENT QU'ON NE PEUT PAS, CHÉRIE !

PAF !

DU 16 ANS D'ÂGE !
... SACRILÈGE !

EN TOUT CAS, ÇA FAIT DU BIEN CE PETIT RITUEL.

ÇA, AU MOINS, ILS NE PEUVENT PAS NOUS L'ENLEVER !

ET AVEC LES RÉSERVES QU'ON A À LA MAISON, ON PEUT ENCORE TENIR DIX ANS !

PENDANT LES BOMBARDEMENTS AÉRIENS DE 1982, MONSIEUR KHALED ET MADAME LINDA ONT DÛ FUIR LEUR APPARTEMENT, DEVENU UNE CIBLE TROP FACILE POUR LES AVIONS DE CHASSE.

MADAME LINDA A VOULU REJOINDRE SA SŒUR, INSTALLÉE À L'EST, ET ILS ONT DÉMÉNAGÉ DANS NOTRE IMMEUBLE.

JE T'EN PRIE, KHALED

NE PLAISANTE PAS AVEC ÇA...

ALLONS, ALLONS

PROFITONS DE CETTE PETITE, EUH... RÉCRÉATION,

AVANT QU'ILS NE SE REMETTENT À TOUT CASSER...

SI UN JOUR VOUS VOULEZ ACHETER DU BON WHISKY PAS CHER, JE SAIS OÙ EN TROUVER!

AH BON ?

HIER, J'AI VU DES GENS EN VENDRE DANS LA RUE, PAS LOIN DE LA STATION-SERVICE D'ABOU JAMIL.

ET TU PENSES QUE C'EST BUVABLE ?

MAIS OUI !

IL PARAÎT QUE CES CAISSES DE WHISKY ONT ÉTÉ VOLÉES DANS LES CONTENEURS DU PORT...

IL Y A DES BOUTEILLES DE GRANDES MARQUES !

INTÉRESSANT...

hum

MADAME LINDA AVAIT ÉTÉ UNE TRÈS BELLE FEMME,

ELLE AVAIT MÊME ÉTÉ MISS LIBAN DANS LES ANNÉES SOIXANTE !

LE LENDEMAIN DE SON ÉLECTION, UNE PHOTO D'ELLE EN MINI-JUPE, PUBLIÉE EN
COUVERTURE DE "LA REVUE DU LIBAN", AVAIT FAIT LE DÉSESPOIR DE SON PÈRE...
LA FIERTÉ DE SA MÈRE...

ET LE BONHEUR DES VOISINS.

UN SOIR, MADAME LINDA EST VENUE DÎNER AU "VENI VIDI VICI"...

KHALED RACONTAIT QU'IL ÉTAIT NÉ AU TEXAS.
POUR LES BEAUX YEUX DE LINDA, DISAIT-IL, IL AVAIT CONSENTI À VIVRE ICI.

IL RACONTAIT QUE LÀ BAS, IL Y AVAIT UN TRÈS BEAU PHARE,

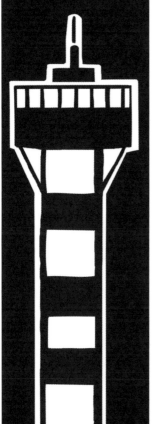

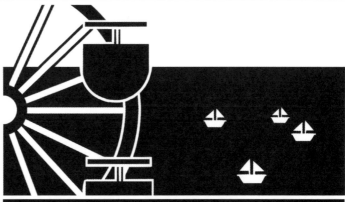

UNE GRANDE ROUE, UNE CORNICHE DE BORD DE MER, DES RESTAURANTS, DES MAGASINS ILLUMINÉS

DES MARCHANDS AMBULANTS, DES CAFÉS TROTTOIRS

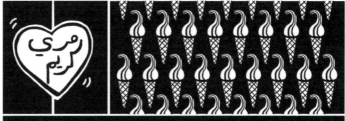

ET SURTOUT, LES MEILLEURS "MERRY CREAMS" DU MONDE.

...ET LA MÉDITERRANÉE À PERTE DE VUE !

LE TEXAS...
C'ÉTAIT CE QUE KHALED AVAIT TROUVÉ DE PLUS ÉLOIGNÉ POUR DÉSIGNER LE QUARTIER DE BEYROUTH-OUEST OÙ IL AVAIT VÉCU ET DONT LA GUERRE L'AVAIT PRIVÉ.

aaah

HMM... J'AI L'IMPRESSION QUE ÇA REPREND...

AKH

HMMM

113

L'ARCHITECTE, C'EST COMME ÇA QUE TOUT LE MONDE ICI APPELAIT RAMZI, MÊME SI EN FAIT, IL N'AVAIT JAMAIS EU LE TEMPS D'EXERCER SON MÉTIER.

COMMENT TU TE SENS AUJOURD'HUI ?

QUAND FARAH ET LUI SONT ARRIVÉS AVEC ANHALA DANS L'IMMEUBLE, ILS NE PENSAIENT PAS DEVOIR VIVRE AUSSI LONGTEMPS DANS LE BUREAU DU PÈRE DE RAMZI.

ILS ATTENDAIENT D'OBTENIR LEURS VISAS POUR REJOINDRE WALID, LE FRÈRE DE RAMZI QUI AVAIT FUI AU CANADA AU DÉBUT DE LA GUERRE ET QUI AVAIT OUVERT UN CABINET D'ARCHITECTE À MONTRÉAL.

BEAUCOUP MIEUX, MERCI ! ET CE MATIN JE L'AI SENTI BOUGER DANS MON VENTRE POUR LA PREMIÈRE FOIS !

MA CHÉRIE !

JE N'AURAIS JAMAIS PENSÉ QUE MON PREMIER ENFANT POURRAIT NAÎTRE DANS UN BUREAU ENCOMBRÉ DE VALISES...

ALLONS ALLONS

FARAH PORTAIT TOUJOURS EN BANDOULIÈRE UN PETIT SAC CONTENANT LEURS DEUX PASSEPORTS ET DE L'ARGENT LIQUIDE.

EN GÉNÉRAL, L'ARRIVÉE DE FARAH ET RAMZI DANS L'ENTRÉE SIGNIFIAIT QUE LES BOMBARDEMENTS ALLAIENT S'INTENSIFIER.

LE BUREAU, QU'ILS AVAIENT AMÉNAGÉ EN CHAMBRE À COUCHER, DONNAIT SUR UN TERRAIN VAGUE SUR LEQUEL ON AVAIT INSTALLÉ UN CANON.

À TRAVERS LE MUR DU BUREAU, RAMZI ENTENDAIT LES INSTRUCTIONS DONNÉES AUX ARTILLEURS. IL ÉTAIT TOUJOURS LE PREMIER À SAVOIR QUAND ÇA ALLAIT DEVENIR INTENABLE.

À CÔTÉ, DANS LA SALLE DE RÉUNION OÙ ANHALA DORMAIT, UN LUSTRE EN CRISTAL, APPARTENANT À DES CLIENTS DU PÈRE DE RAMZI, TOUCHAIT PRESQUE LE SOL.

ALORS QUE TOUTES LES VITRES DE L'IMMEUBLE AVAIENT VOLÉ EN ÉCLAT DEPUIS LONGTEMPS, LE LUSTRE LUI, INUTILISABLE À CAUSE DE LA PÉNURIE D'ÉLECTRICITÉ, ÉTAIT RESTÉ INTACT.

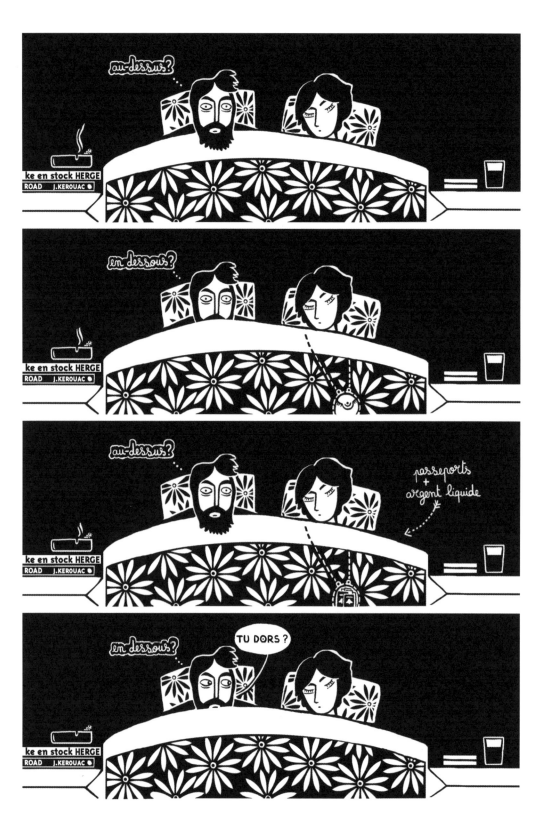

TOUTES LES NUITS, DANS LA SALLE DE RÉUNION OÙ ELLE DORMAIT, ANHALA ENTENDAIT L'INUTILE ET GIGANTESQUE BIBELOT ANNONCER CHAQUE DÉFLAGRATION.

127

"ANHALA AVAIT PRÉPARÉ UN BUFFET À LA MESURE DE SON AFFECTION !...
C'ÉTAIT L'ÉPOQUE OÙ LES SUPERMARCHÉS, N'ÉTANT PAS ENCORE ÉQUIPÉS DE
GÉNÉRATEURS ASSEZ PUISSANTS, BRADAIENT TOUS LES PRODUITS QU'ILS NE
POUVAIENT PAS CONSERVER DANS LEURS CONGÉLATEURS.
C'ÉTAIT INCROYABLE UN FESTIN PAREIL... EN PLEINE GUERRE !"

"POUR MA ROBE, MAMAN A TENU À CE QU'ON LA FASSE FAIRE CHEZ LE GRAND COUTURIER COUSSA QUI LUI AVAIT CONÇU SA ROBE DE MARIAGE À ELLE... ENFIN, À L'ÉPOQUE C'ÉTAIT LUI, MAINTENANT, C'EST SON FILS QUI A REPRIS L'ATELIER.
ENSUITE JEAN, LE CORDONNIER DE LA RUE GHANDOUR-EL-SAAD, M'A DESSINÉ DES CHAUSSURES BLANCHES À BRIDES, ASSORTIES À LA ROBE... TU SAIS, IL A FAIT SES ÉTUDES EN ITALIE ! ET LE JOUR DU MARIAGE, FOUAD, LE COIFFEUR DU SALON "MA BELLE" EST VENU À LA MAISON POUR ME COIFFER...
J'AI ÉTÉ TRAITÉE COMME UNE VRAIE PRINCESSE !"

130

"MAMAN TENAIT ABSOLUMENT À FAIRE COMME SI DE RIEN N'ÉTAIT... ET ELLE A MOBILISÉ TOUT LE MONDE !
JAMAL, L'ESTHÉTICIENNE DU SALON "MA BELLE", EST VENUE ME MAQUILLER. SA JEUNE SŒUR PATRICIA, L'A ACCOMPAGNÉE, AVEC SON ATTIRAIL DE PINCES À ÉPILER ET AUTRES INSTRUMENTS DE TORTURE...
ET SAMIA, QUI S'OCCUPE DES ONGLES DE MAMAN DEPUIS TOUJOURS, M'A FAIT UNE SÉANCE DE MANUCURE-PÉDICURE MÉMORABLE, DANS MA CHAMBRE, CHEZ MES PARENTS !"

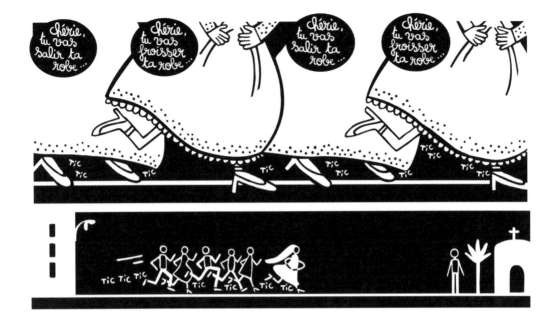

"JE NE ME SOUVIENS PLUS TRÈS BIEN DE LA CÉRÉMONIE RELIGIEUSE.
COMME RAMZI EST MARONITE, ON S'EST MARIÉ SELON LE RITE MARONITE... ET FINALEMENT,
C'ÉTAIT TRÈS PRATIQUE !
D'ABORD, PARCE QU'IL Y A UNE ÉGLISE MARONITE JUSTE EN FACE DE CHEZ MES PARENTS,
ENSUITE, PARCE QUE LA CÉRÉMONIE DURE MOINS LONGTEMPS QUE CHEZ LES ORTHODOXES.
ÇA AVAIT RASSURÉ TOUS LES INVITÉS DE SAVOIR QU'ON NE PASSERAIT PAS BEAUCOUP
DE TEMPS À L'EXTÉRIEUR DE LA MAISON !

JE ME SOUVIENS QUE POUR ÉVITER LE FRANC-TIREUR, ON A DÛ COURIR DE CHEZ MES PARENTS
JUSQU'À L'ÉGLISE, ET PUIS DE L'ÉGLISE JUSQU'À CHEZ MES PARENTS.

MAMAN ÉTAIT TELLEMENT STRESSÉE PAR LA TRAVERSÉE, QU'ELLE AVAIT FAIT
UNE FIXATION SUR MA ROBE !"

"QUAND ON EST ARRIVÉ À LA MAISON, TOUT LE MONDE ÉTAIT PLUS DÉTENDU. ANHALA NOUS A APPELÉS À TABLE, MON PÈRE A DÉBOUCHÉ LE CHAMPAGNE ET QUELQU'UN A MIS UN DISQUE D'ENRICO MACIAS."

"QUAND J'Y PENSE... JE ME DIS QU'ON ÉTAIT TOTALEMENT INCONSCIENTS!"

137

141

ILS ONT PEUT-ÊTRE EU UN PROBLÈME SUR LA ROUTE

JE VAIS ALLER À LEUR RENCONTRE !

BON, CHUCRI ÇA SUFFIT MAINTENANT.

ÉCOUTE MOI BIEN.

ziiii

ERNEST...

ET NE M'INTERROMPS PAS, S'IL TE PLAÎT !

PATAP PATAP

TU AS ÉCOUTÉ LA RADIO... TU ENTENDS LES OBUS...

JE NE VEUX PAS QUE TU SORTES.

ON A EU ASSEZ DE MORTS COMME ÇA...

JE TE COMPRENDS, ERNEST

MAIS TU NE PEUX PAS ME DEMANDER DE RESTER ICI À NE RIEN FAIRE ALORS QUE SAMI ET NOUR ONT PEUT-ÊTRE BESOIN D'AIDE !

ET CHUCRI EST PARTI DANS LA NUIT.

149

ziiii

153

ÉÉÉÉÉÉÉÉ...

VOUS N'AVEZ PAS CROISÉ CHUCRI ?

CHUCRI?

COMMENT ÇA...

IL N'EST PAS LÀ?

NON

CETTE TÊTE DE MULE A TENU À ALLER À VOTRE RENCONTRE

ALLONS MES ENFANTS, ASSEYONS NOUS, JE VAIS FAIRE DU CAFÉ!

JE PENSE QU'ON EN A TOUS BESOIN...

157

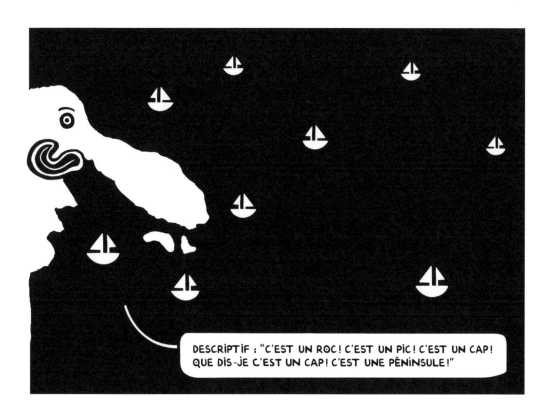

DESCRIPTIF : "C'EST UN ROC ! C'EST UN PIC ! C'EST UN CAP !
QUE DIS-JE C'EST UN CAP ! C'EST UNE PÉNINSULE !"

TENDRE : "FAÎTES-LUI FAIRE
UN PETIT PARASOL,
DE PEUR QUE SA COULEUR,
AU SOLEIL, NE SE FÂNE"

GRACIEUX : "AIMEZ-VOUS À CE POINT LES OISEAUX QUE PATERNELLEMENT VOUS VOUS PRÉOCCUPÂTES DE TENDRE CE PERCHOIR À LEURS PETITES PATTES ?"

TRUCULENT : "ÇA, MONSIEUR, LORSQUE VOUS PÉTUNEZ, LA VAPEUR DU TABAC VOUS SORT-ELLE DU NEZ SANS QU'UN VOISIN NE CRIE AU FEU DE CHEMINÉE ?"

NAÏF : "CE MONUMENT, QUAND LE VISITE-T-ON ?"

... ET TOUT À COUP, JE N'AI PLUS RIEN ENTENDU.

J'AI SEULEMENT SENTI QUELQU'UN ME SOULEVER DE MA CHAISE
ET SE METTRE À COURIR.

L'OBUS ÉTAIT TOMBÉ
DANS MA CHAMBRE.

ET LE LENDEMAIN MATIN, ON A DÛ PARTIR.

UNE SEMAINE PLUS TARD, MES PARENTS SONT RETOURNÉS DANS NOTRE APPARTEMENT POUR RASSEMBLER QUELQUES AFFAIRES.

L'IMMEUBLE ÉTAIT VIDE.

ET PENDANT QUE MES PARENTS DÉCROCHAIENT LA TENTURE, ERNEST A RACONTÉ.

KHALED ET LINDA SONT PARTIS VIVRE À JOUNIEH CHEZ LES PARENTS DE LINDA. KHALED PENSE OUVRIR UN RESTAURANT LÀ-BAS DANS QUELQUES ANNÉES... SI LA SITUATION RESTE CALME SUR LA CÔTE NORD !

ON A BU UN DERNIER WHISKY ENSEMBLE ...AAAH CE 16 ANS D'ÂGE !

FARAH ET RAMZI ONT FINALEMENT OBTENU LEURS VISAS. FARAH VA ACCOUCHER À MONTRÉAL ...MAIS ILS N'ONT TOUJOURS PAS DÉCIDÉ DU PRÉNOM DE L'ENFANT !

ANHALA A ÉTÉ RECUEILLIE PAR LA TANTE DE FARAH

LA NUIT OÙ L'OBUS EST TOMBÉ CHEZ VOUS, LE LUSTRE DE LA SALLE DE RÉUNION S'EST DÉCROCHÉ...LE LENDEMAIN, ON L'A RETROUVÉ PAR TERRE, EN MILLE MORCEAUX

VOUS VOUS RENDEZ COMPTE ?? ELLE L'A ÉCHAPPÉ BELLE !

ERNEST...

ET CHUCRI ?

AAAH ! CHUCRI !...

VOUS N'ÊTES PAS AU COURANT ?

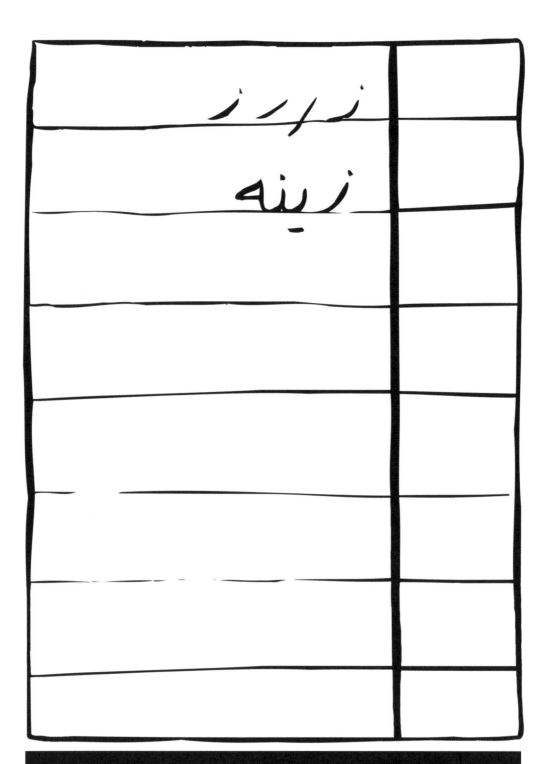

DANS CETTE MAISON, MON PÈRE NOUS A LU LA SUITE DE CYRANO.
UN AN PLUS TARD, J'AI APPRIS À ÉCRIRE MON NOM.

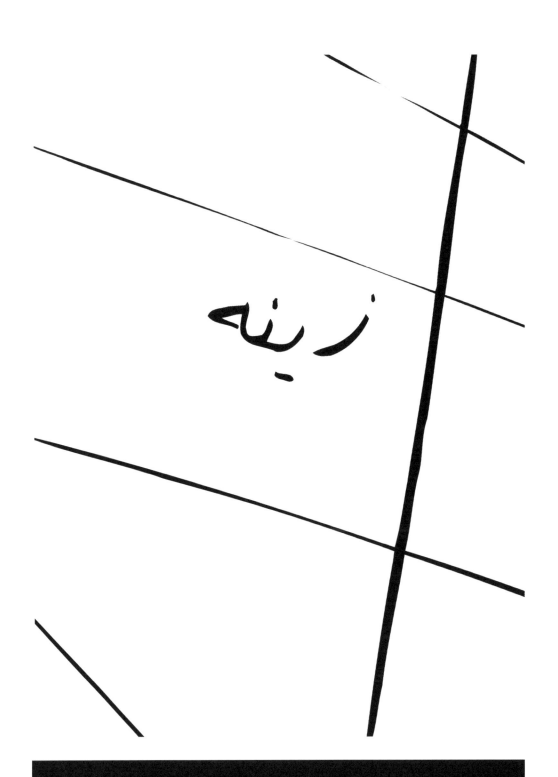

ET IL A FALLU,

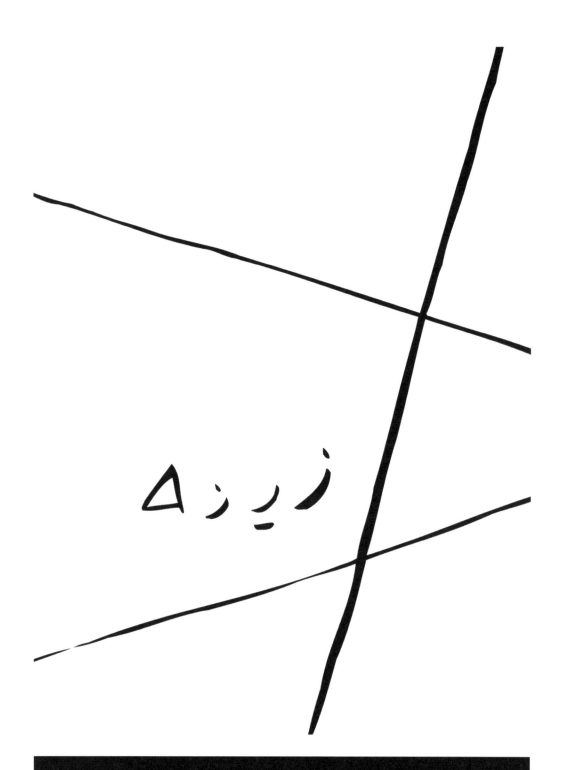

UNE FOIS

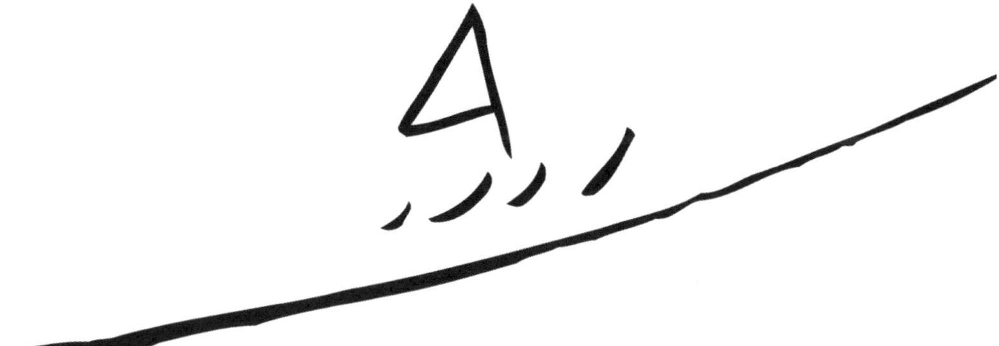

DE PLUS

PARTIR.

Paris, février 2020

Une quantité de secondes,
de minutes,
de journées
et d'années
sont passées
depuis que j'ai écrit
ce livre.

Entre-temps, je me suis souvenue d'un détail.

Quand j'étais enfant, on m'avait dit :
« Ta téta a été filmée par les Français. »

Ma grand-mère est une très belle femme
et dans mon imaginaire de petite fille,
je m'étais alors fabriqué
une image d'elle
en star de cinéma.

Brushing,
boa,
collier de perles,
fume-cigarette,
regard langoureux...

Enfin, quelque chose d'un peu glamour et de virevoltant...

À mille lieues en tous cas
de ce reportage trouvé en 2006
sur le site de l'INA.

Il fallait sans doute un peu de rêve pour supporter
le présent.

J'ai mis du temps à comprendre que
« ta grand-mère a été filmée par les Français »,
c'était cette archive.
Que « ta grand-mère a été filmée par les Français »,
c'était cette femme au regard angoissé,
que la pudeur fait sourire à la caméra
et qui murmure dans son pull rose,
qui devait piquer un peu :

JE PENSE

QU'ON EST
QUAND MÊME

PEUT-ÊTRE

PLUS OU MOINS

EN SÉCURITÉ

ici

... au moment même où retentit le fracas d'un obus tombé un peu plus loin.

Elle a ce geste des épaules,
comme pour y enfouir sa tête
et puis une mimique
que je connais bien,
pour exprimer ce qu'elle ne dira jamais
avec des mots :
« Tu vois ce que nous sommes devenus. »

Ma téta a toujours refusé de me parler de la guerre.
On aurait dit que ses souvenirs s'arrêtaient
le 13 avril 1975.

Sur le Beyrouth des années soixante,
elle était intarissable.
Elle avait, avec mon grand-père,
fait « les 400 coups »…
et le tour du monde.

Enfants bénis de l'époque insouciante
de « la Suisse du Moyen-Orient »
dont ma génération est orpheline,
sur toutes leurs photos, ils font la fête.

Est-ce parce qu'ils faisaient la fête tout le temps ?
Ou parce qu'à cette époque
on ne prenait de photos que pendant les fêtes ?

En tous cas, ces deux-là se sont aimés.
Joue contre joue,
sous les cotillons,
de Buenos-Aires à Oulan-Bator.

En regardant son visage envahir l'écran de mon ordinateur,
dans ce reportage d'Antenne 2 tourné en 1984,
je me suis dit qu'à défaut de me raconter ses souvenirs,
elle m'avait ouvert, trente-deux ans plus tard et à son insu,
la voie vers l'exploration de notre mémoire collective.

Aujourd'hui ma téta a perdu mon grand-père
et, juste après, la mémoire.

Pour de vrai, cette fois.

Elle ne sait plus très bien si je vis à Beyrouth ou à Paris.

Ni si je travaille,

ou si j'ai un amoureux.

Des enfants, peut-être ?

Elle connaît mon nom,

elle sait que je suis, ultime point de repère,
« la brune » parmi mes cousines blondes,

elle sait que je suis la fille de mes parents

et la soeur de mon frère.

C'est à peu près tout.

Quand je vais la voir, j'ai étrangement
la même sensation que quand je suis dans l'avion
qui me mène à Beyrouth
et plus précisément pendant les quelques minutes
qui précèdent l'atterrissage.

Je vois la ville d'en haut,
la densité urbaine,
le littoral.

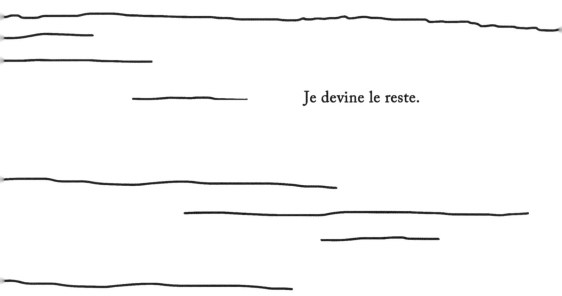

Je devine le reste.

Et je me demande : « Va-t-elle me reconnaître ? »

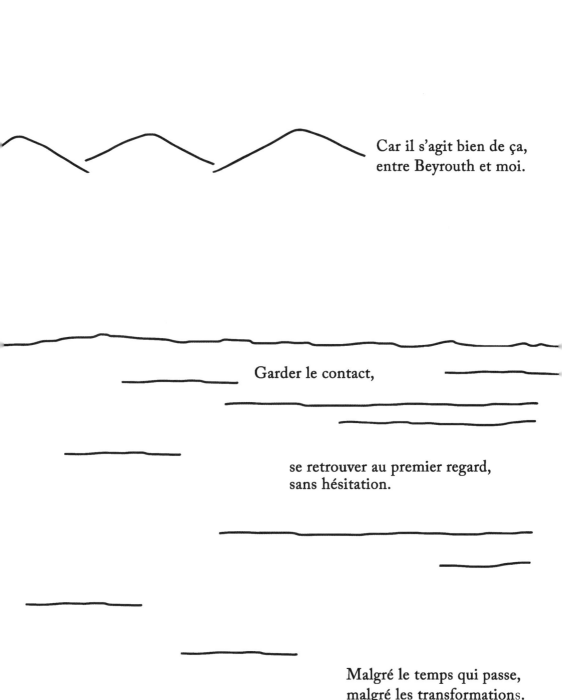

Car il s'agit bien de ça,
entre Beyrouth et moi.

Garder le contact,

se retrouver au premier regard,
sans hésitation.

Malgré le temps qui passe,
malgré les transformations.

Ma ville est une très belle ville.

Pour la regarder,
j'ai quelques repères
invisibles,
des traces de lieux disparus,
que je n'ai parfois même pas connus,

comme autant d'ancêtres lointains
sur des photographies de famille.

ALORS, LUI, C'EST
L'ONCLE FOUAD

ET À CÔTÉ, C'EST
LA TANTE SOURAYA

Ces moments de Beyrouth
m'ont été transmis par mon père.

REGARDE !

iCi

IL Y AVAIT
LE CINÉMA RIVOLI

REGARDE !

iCi

ON ATTENDAIT
LE TRAM POUR ALLER
À HAMRA

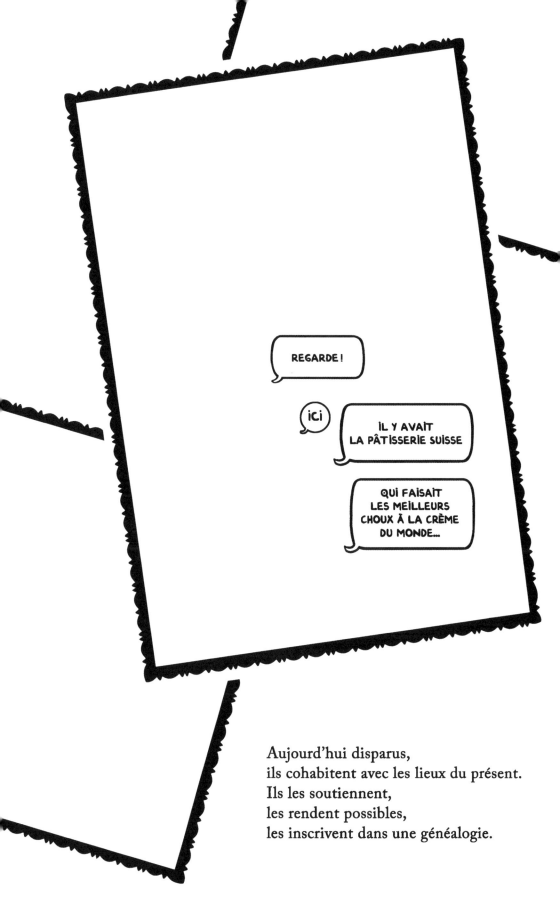

Aujourd'hui disparus,
ils cohabitent avec les lieux du présent.
Ils les soutiennent,
les rendent possibles,
les inscrivent dans une généalogie.

Parmi ces jalons,
figure le graffiti
peint par Florian
sur un mur situé entre chez moi

et ce qui était alors « l'autre côté ».

Sentinelle poétique
dans une ville où l'on s'est appliqué
à effacer toutes les traces
de l'histoire récente,

ces quelques mots fragiles

MOURIR PARTIR

LE JEU DES

REVENIR C'EST

HIRONDELLES

peints en bleu sur un mur de parpaings,
ont survécu plusieurs années.

Et puis, le mur a été détruit.

PAR

J'ai longtemps cherché
le « Florian »,
auteur de ces quelques lignes.
Il a tour à tour
revêtu des traits
et des silhouettes
multiples.

Des transformations imaginaires.

LE JEU

Il a d'abord failli être
Jean-Pierre Clarisse de Florian,
le fabliau du XVIIIe siècle.
J'ai épluché ses textes
à la recherche d'une hirondelle.

Sans succès.

HIRON

Il a ensuite été
un jeune Français venu au Liban
à la fin des années quatre-vingt-dix
pour participer à des chantiers
de reconstruction
d'écoles et d'hôpitaux.

Ce deuxième Florian
m'avait écrit,
avant que nous ne nous
rencontrions à Paris.
Sa missive était manuscrite
à l'encre bleue,
comme pour m'inciter
à comparer les deux graphies,
celles du mur
et celle de sa lettre.

Devant ma joie
et mon incrédulité
de l'avoir trouvé si vite
après la sortie du livre,
ce Florian m'a avoué
qu'il avait surtout eu très envie
d'être
Florian.

Et puis, un soir, mon cœur a manqué un battement.

Je regardais *l'Amour en fuite*
de François Truffaut,
quand j'ai entendu, clairement,
dans la chanson du générique
composée par Alain Souchon,
ces mots :
« Partir, revenir, bouger, c'est le jeu des hirondelles. »

On y était presque.

FLORi

Cette chanson,
Florian
devait la connaître.
Avait-il transformé
les paroles
de Souchon
pour les adapter
à la réalité libanaise ?

Et qui était-il ?

L'année dernière,
il s'est incarné en la personne
d'un gendarme français
en poste à Beyrouth
au début des années deux-mille.
Quelqu'un l'avait vu
lire mon livre,
debout dans une librairie
du IXe arrondissement
de Paris.
Il aurait dit, ému,
au libraire barbu :

« C'est moi qui ai fait ce graffiti. »

Ce Florian était trapu
et portait un blouson.
Maigres indices
que je me suis empressée
de communiquer
à l'ambassade de France
au Liban.

Aucun gendarme
ayant servi
dans ces années-là
n'avait pour prénom
ou pour patronyme
Florian…

Un pseudonyme, alors ?

Une impasse, encore.

Et, il y a quelques mois, Paul Matar,
l'ancien directeur
du théâtre Monnot,
situé derrière
l'emplacement du mur,
m'a dit :

« Je le connais, moi, ton Florian ! »

Enfin.

Cette cinquième version
d'un même homme
de plus en plus
fantomatique
était « un grand
(il a insisté, très grand)
mec »,
un danseur
dans une
compagnie
belge
venue présenter
un spectacle
à la fin des années quatre-vingt-dix
au théâtre.

Florian était son prénom.

Rien de plus.

Si, une chose incroyable.

Paul a sorti
de son sac à dos
un dessin encadré.
Il n'était pas signé,
mais c'était sûr,
il était de Florian.

J'ai décidé de le croire.

Plus tard, je me suis souvenue d'un autre détail.

J'avais reçu un jour
un mail d'un inconnu
me racontant
qu'il était étudiant
à l'université Saint-Joseph,
à deux pas du « mur de Florian »
qu'il longeait tous les matins
pour aller en cours.

Il était trop jeune pour avoir
connu la guerre,
mais ayant lu mon livre,
disait-il,
il prêtait une attention particulière
au graffiti
si bien qu'un jour,
remarquant que la phrase
était petit à petit
en train de s'estomper,
il avait décidé de la repasser
lettre par lettre,
à la bombe.

J'ai pensé au silence
de sa main
retraçant quelques mots
peints sur un mur...

J'ai imaginé
ce jeune homme de dos,
tout, autour de lui,
est en chantier :
grues,
marteaux-piqueurs,
bétonnières,
pelleteuses...

Peu importe qui était Florian.

Dans un pays
où le programme d'histoire
dans les livres scolaires
s'arrête,
comme les souvenirs
de ma grand-mère,
le 13 avril 1975,
il a contribué à transmettre
un fragment de notre mémoire.

Aujourd'hui, les murs de Beyrouth ont repris la parole.

Depuis le 17 octobre 2019,
les mots sont à nouveau dans la rue,
échangés sur les places,
peints sur les banderoles
et sur les murs.

L'espace public autrefois confisqué
est petit à petit réapproprié
par les citoyens.

Nos territoires,
quadrillés par la guerre
et la politique de reconstruction
sont, mètre par mètre,
réinvestis.

Ma téta, elle,
parle de moins en moins,
au bout de quelques minutes
de conversation,
elle repose ses yeux
sur ses mots-croisés.

Je la regarde alors tracer
d'une main tremblante
les lettres
dans les petites cases
blanches.

Elles dépassent parfois un peu du cadre.

Je contemple son visage,
terre vue du ciel
quand elle finit
par s'endormir,

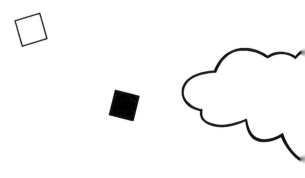

pour tenter
de retenir

ce moment.

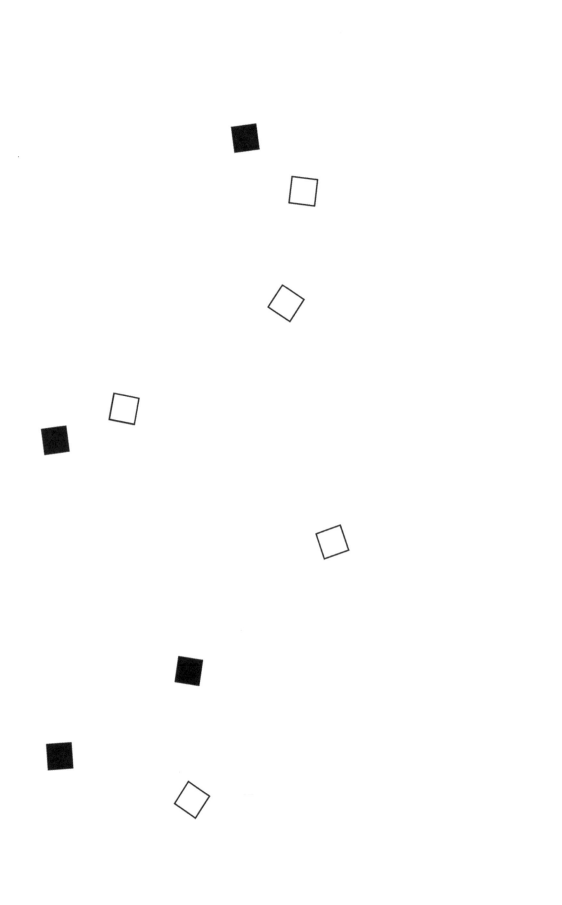

2001

2011

POUR ViSiONNER L'ARCHiVE iNA, C'EST iCi :

https://www.ina.fr/video/CAB8400185401/histoire-d-une-rue-sur-le-passage-du-musee-video.html